AF219222

Impressum
Verlag: BABADADA GmbH, Nedderfeld 112 , 22529 Hamburg
Geschäftsführer / Verlagsleitung: Harald Hof
Druck: Books on Demand GmbH, In de Tarpen 42, 22848 Norderstedt

Imprint
Publisher: BABADADA GmbH, Nedderfeld 112 , 22529 Hamburg, Germany
Managing Director / Publishing direction: Harald Hof
Print: Books on Demand GmbH, In de Tarpen 42, 22848 Norderstedt

de school
學校

het klaslokaal
教室

delen
除

186/2

het bord
黑板

het schoolplein
校園

de leraar
老師

het papier
紙

schrijven
書寫

de pen
筆

het bureau
辦公桌

de lineaal
直尺

het boek
書

de leerling
學生

de schooltas

書包

de etui

鉛筆盒

het potlood

鉛筆

de puntenslijper

削鉛筆機

de gum

橡皮擦

het schetsblok

畫板

de tekening
圖畫

het penseel
畫筆

de verfdoos
顏料盒

de schaar
剪刀

de lijm
膠水

het schrift
練習冊

het huiswerk
家庭作業

12

het getal
數字

2+2

optellen
加

5-2

aftrekken
減

2×2

vermenigvuldigen
乘

rekenen
計算

A

de letter
字母

ABCDEFG
HIJKLMN
OPQRSTU
VWXYZ

het alfabet
字母表

het woord
字

de tekst

課文

lezen

讀

het krijt

粉筆

de les

上課

het klassenboek

登記

het examen

考試

het diploma

證書

het schooluniform

校服

de opleiding

教育

de encyclopedie

百科全書

de universiteit

大學

de microscoop

顯微鏡

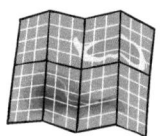

de kaart

地圖

de prullenmand

廢紙簍

de school - 學校

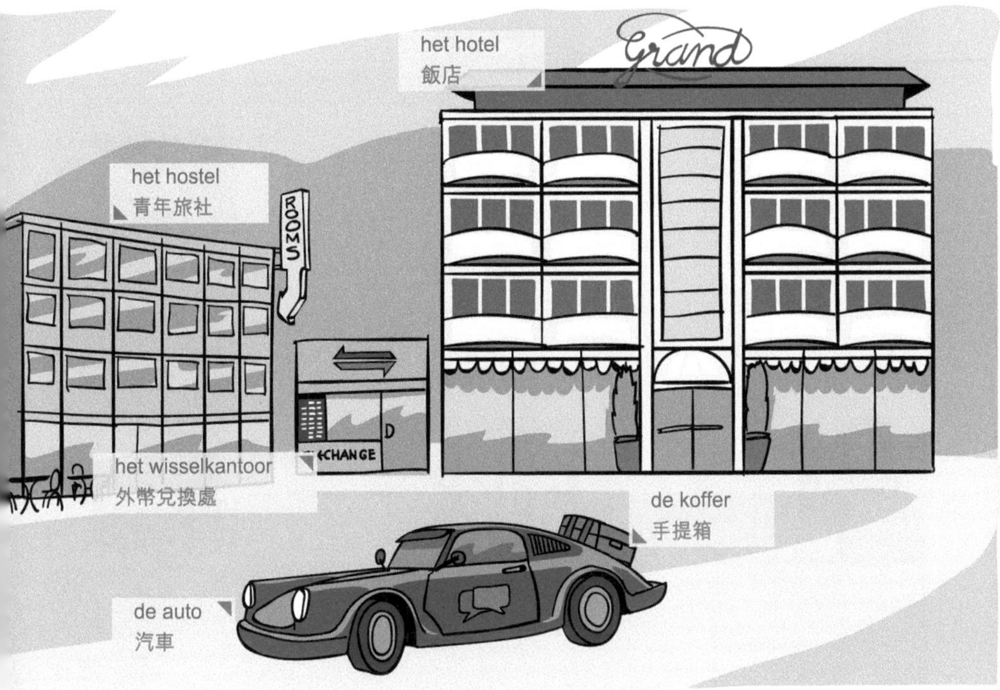

het hotel
飯店
Grand
het hostel
青年旅社
ROOMS
het wisselkantoor
外幣兌換處
EXCHANGE
de koffer
手提箱
de auto
汽車

de taal
語言

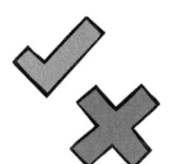

ja / nee
是/否

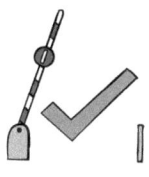

oké
好的

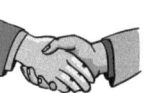

Hallo!
您好

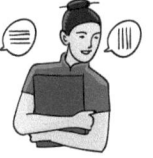

de tolk
翻譯人員

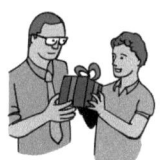

Bedankt.
謝謝

Wat kost ...?

……多少錢？

Ik begrijp het niet.

我不明白

het probleem

問題

Goedenavond!

晚上好！

Goedemorgen!

早上好！

Goedenacht!

晚安！

Tot ziens!

再見

de richting

方向

de bagage

行李

de tas

包

de rugzak

背包

de gast

客人

de kamer

房間

de slaapzak

睡袋

de tent

帳篷

de reis - 旅行

het VVV-kantoor

旅行資訊

het strand

海灘

de creditkaart

信用卡

het ontbijt

早餐

de lunch

午餐

het diner

晚餐

het kaartje

票

de lift

電梯

de postzegel

郵票

de grens

邊界

de douane

海關

de ambassade

大使館

het visum

簽證

het paspoort

護照

het vliegtuig
飛機

het schip
船

de brandweerwagen
消防車

de bus
公車

de vrachtauto
卡車

de motorboot
汽艇

de fiets
腳踏車

de auto
汽車

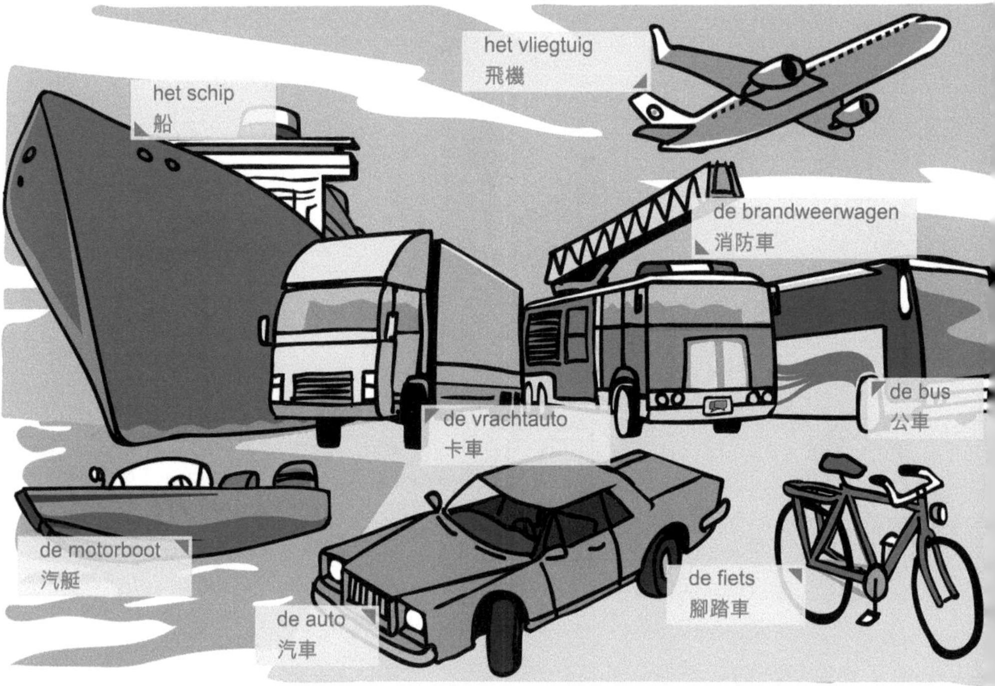

de veerboot

渡輪

de boot

小船

de motorfiets

機車

de politiewagen

警車

de raceauto

賽車

de huurauto

租車

de carsharing

拼車

de takelwagen

拖車

de vuilniswagen

垃圾車

de motor

馬達

de benzine

汽油

de benzinepomp

加油站

het verkeersbord

交通標識

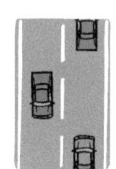

het verkeer

交通

de file

交通堵塞

de parkeerplaats

停車場

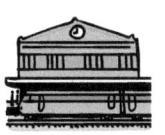

het station

火車站

de rails

軌道

de trein

火車

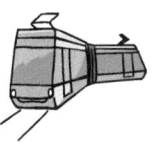

de tram

路面電車

de wagon

客車廂

de helikopter

直升機

de luchthaven

機場

de toren

塔

de passagier

乘客

de container

集裝箱

de verhuisdoos

紙板箱

de kar

手推車

de mand

籃子

opstijgen / landen

起飛/降落

de stad

城市

het dorp

村莊

het stadscentrum

市中心

het huis

房子

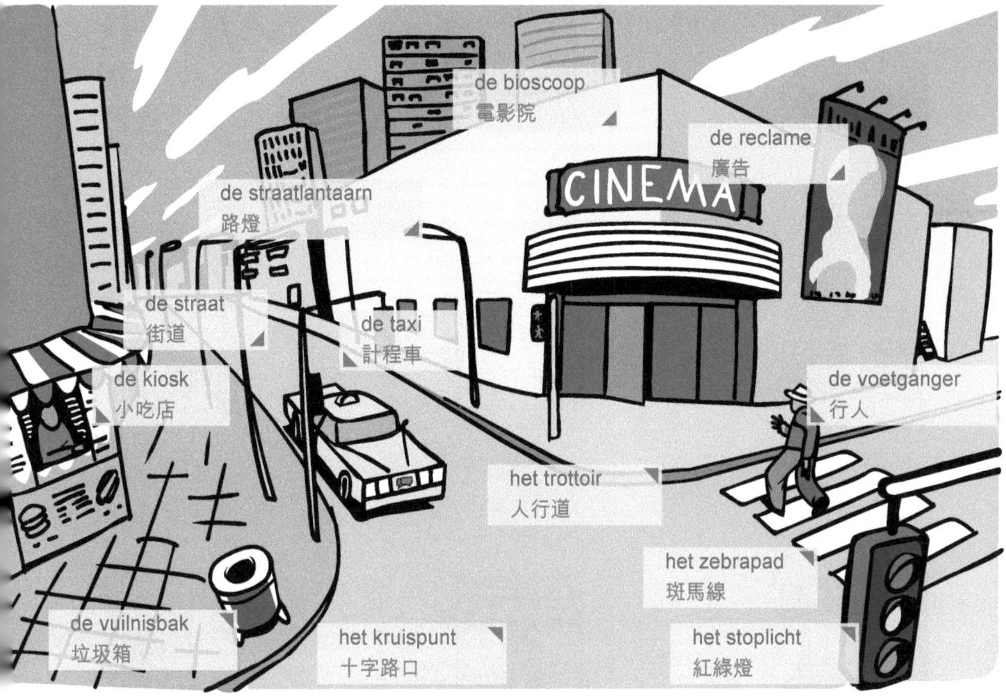
de bioscoop
電影院
de reclame
廣告
CINEMA
de straatlantaarn
路燈
de straat
街道
de taxi
計程車
de kiosk
小吃店
de voetganger
行人
het trottoir
人行道
het zebrapad
斑馬線
de vuilnisbak
垃圾箱
het kruispunt
十字路口
het stoplicht
紅綠燈

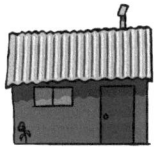

de hut

小屋

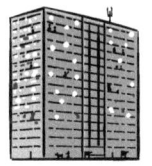

het appartement

公寓

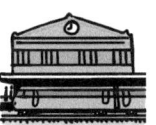

het station

火車站

het stadhuis

市政廳

MUSEUM

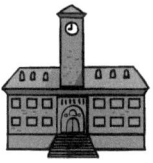

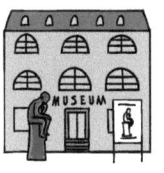

het museum

博物館

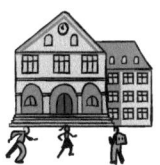

de school

學校

de universiteit

大學

de bank

銀行

het ziekenhuis

醫院

het hotel

飯店

de apotheek

藥房

het kantoor

辦公室

de boekenwinkel

書店

de winkel

商店

de bloemenwinkel

花店

de supermarkt

超市

de markt

市場

het warenhuis

百貨商店

de visboer

魚店

het winkelcentrum

購物中心

de haven

海港

het park
公園

de bank
長凳

de brug
橋

de trap
樓梯

de metro
捷運

de tunnel
隧道

de bushalte
公車站

de bar
酒吧

het restaurant
餐館

de brievenbus
郵筒

het straatnaambord
路標

de parkeermeter
停車計時器

de dierentuin
動物園

het zwembad
游泳池

de moskee
清真寺

de boerderij

農場

de vervuiling

污染

de begraafplaats

墓地

de kerk

教堂

de speelplaats

操場

de tempel

寺廟

het landschap

地形

het blad
樹葉

de wegwijzer
指示牌

de weg
路

de weide
草地

de steen
石頭

de boom
樹

de wandelaar
徒步旅行者

de rivier
河

het gras
草

de bloem
花

de vallei

峽谷

de berg

丘陵

het meer

湖

het bos

森林

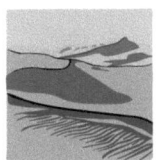

de woestijn

沙漠

de vulkaan

火山

het kasteel

城堡

de regenboog

彩虹

de paddenstoel

蘑菇

de palmboom

棕櫚樹

de mug

蚊子

de vlieg

蒼蠅

de mier

螞蟻

de bij

蜜蜂

de spin

蜘蛛

de kever

甲蟲

de kikker

青蛙

de eekhoorn

松鼠

de egel

刺蝟

de haas

野兔

de uil

貓頭鷹

de vogel

鳥

de zwaan

天鵝

het wild zwijn

野豬

het hert

鹿

de eland

麋鹿

de stuwdam

水壩

de windmolen

風力發電機

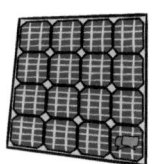

het zonnepaneel

太陽能電池板

het klimaat

氣候

het restaurant
餐館

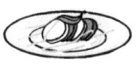

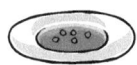

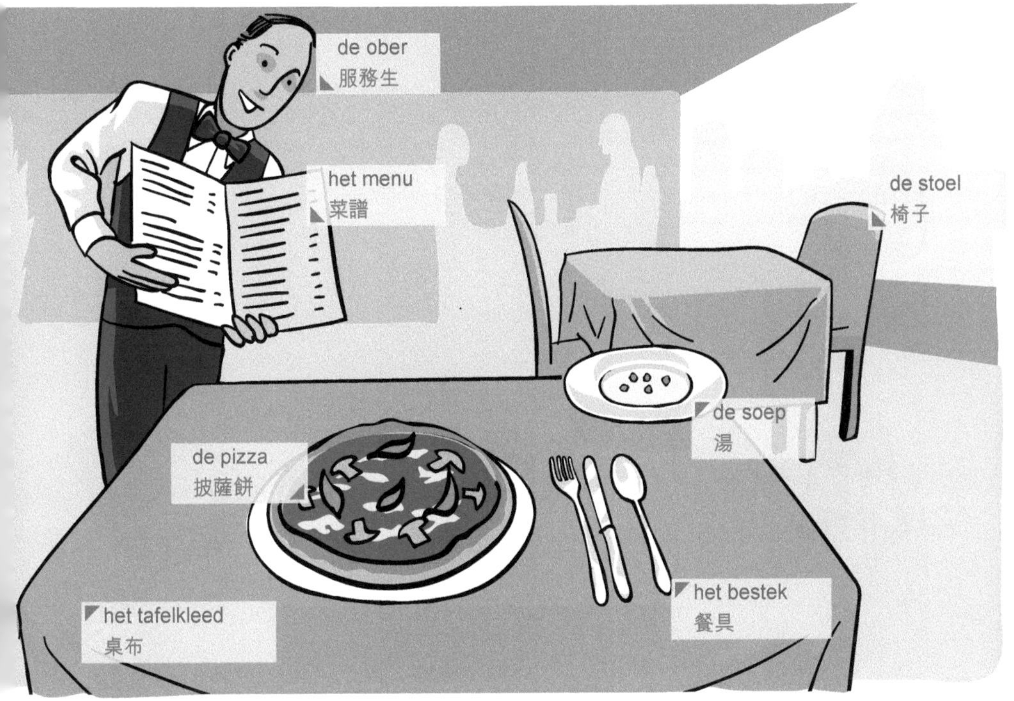
de ober
服務生
het menu
菜譜
de stoel
椅子
de soep
湯
de pizza
披薩餅
het bestek
餐具
het tafelkleed
桌布

het voorgerecht

前菜

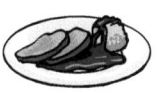

het hoofdgerecht

主菜

het toetje

甜點

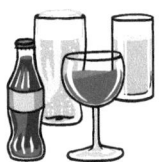

de dranken

飲料

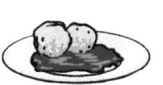

het eten

食物

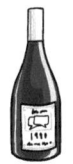

de fles

瓶子

de/het fastfood

速食

het eetkraampje

街邊小吃

de theepot

茶壺

de suikerpot

糖盒

de portie

一份飯菜

de espressomachine

義式咖啡機

de kinderstoel

高腳椅

de rekening

帳單

het dienblad

托盤

het mes

刀

de vork

餐叉

de lepel

勺子

de theelepel

茶匙

het servet

餐巾

het glas

玻璃杯

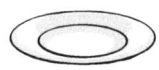

het bord

碟子

het soepbord

湯盤

de schotel

碟子

de saus

醬

het zoutvaatje

鹽瓶

de pepermolen

胡椒研磨罐

de azijn

醋

de olie

食用油

de kruiden

調味料

de ketchup

番茄醬

de mosterd

芥末

de mayonaise

美乃滋

de supermarkt
超市

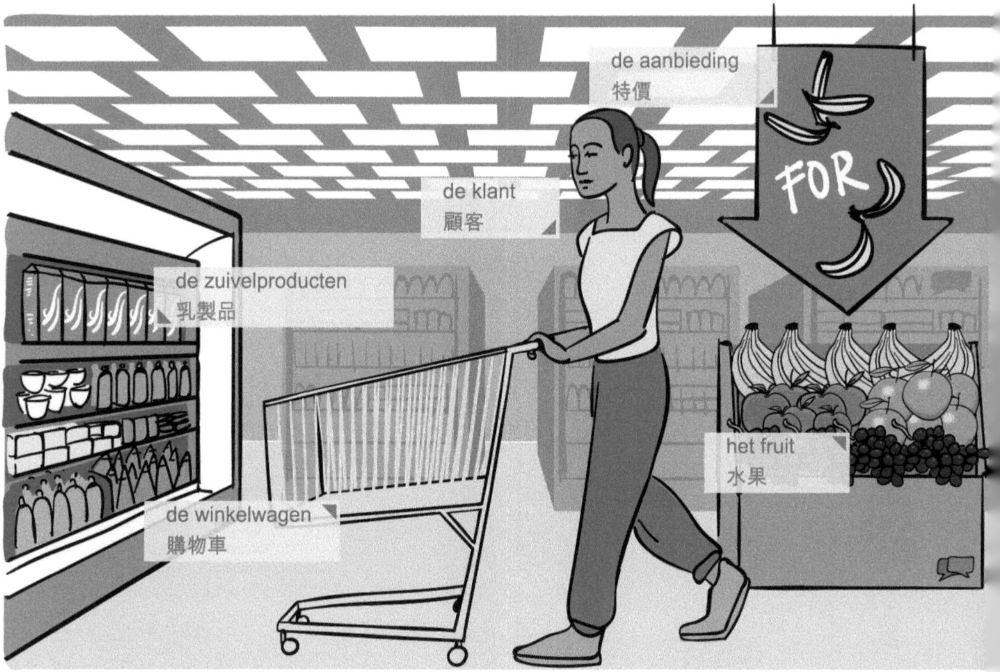

de aanbieding
特價
FOR
de klant
顧客
de zuivelproducten
乳製品
het fruit
水果
de winkelwagen
購物車

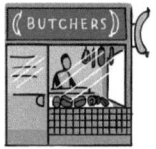

BUTCHERS

de slager
肉鋪

BAKERY

de bakkerij
麵包店

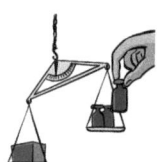

wegen
稱重

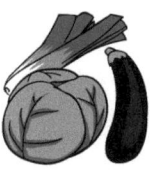

de groente
蔬菜

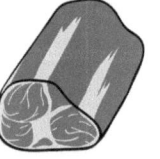

het vlees
肉

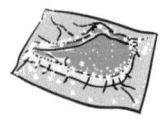

de diepvriesproducten
冷凍食品

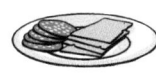

de vleeswaren

冷盤

de conserven

罐頭食品

het wasmiddel

洗衣粉

het snoepgoed

甜食

de huishoudelijke artikelen

日用品

het schoonmaakmiddel

清潔用品

de verkoopster

銷售員

de kassa

收銀機

de kassier

收銀員

et boodschappenlijstje

購物清單

de openingstijden

開放時間

de portefeuille

錢包

de creditkaart

信用卡

de tas

袋子

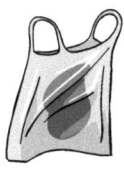

de plastic zak

塑膠袋

het water

水

het sap

果汁

de melk

牛奶

de cola

可樂

de wijn

紅酒

het bier

啤酒

de alcohol

酒

de chocolademelk

可可

de thee

茶

de koffie

咖啡

de espresso

義式濃縮咖啡

de cappuccino

卡布奇諾

de banaan

香蕉

de appel

蘋果

de sinaasappel

柳丁

de watermeloen

西瓜

de citroen

檸檬

de wortel

胡蘿蔔

de knoflook

大蒜

de bamboe

竹子

de ui

洋蔥

de paddenstoel

蘑菇

de noten

堅果

de pasta

麵條

de spaghetti

義大利麵

de rijst

米飯

de salade

沙拉

de friet

薯條

de gebakken aardappelen

炸馬鈴薯

de pizza

披薩餅

de hamburger

漢堡

de sandwich

三明治

de schnitzel

炸豬排

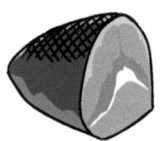

de ham

火腿

de salami

義大利臘腸

de worst

香腸

de kip

雞肉

het gebraad

烤肉

de vis

魚

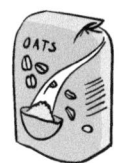

de havermout

燕麥片

de muesli

木斯里

de cornflakes

玉米片

het meel

麵粉

de croissant

牛角麵包

de broodjes

麵包捲

het brood

麵包

de toast

吐司

de koekjes

餅乾

de boter

奶油

de kwark

凝乳

de taart

蛋糕

het ei

蛋

het gebakken ei

煎蛋

de kaas

起司

het ijs

冰淇淋

de suiker

糖

de honing

蜂蜜

de jam

果醬

de chocoladepasta

巧克力醬

de kerrie

咖哩

de boerderij
農場

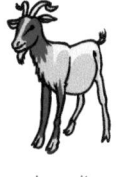

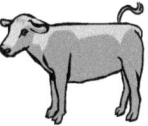

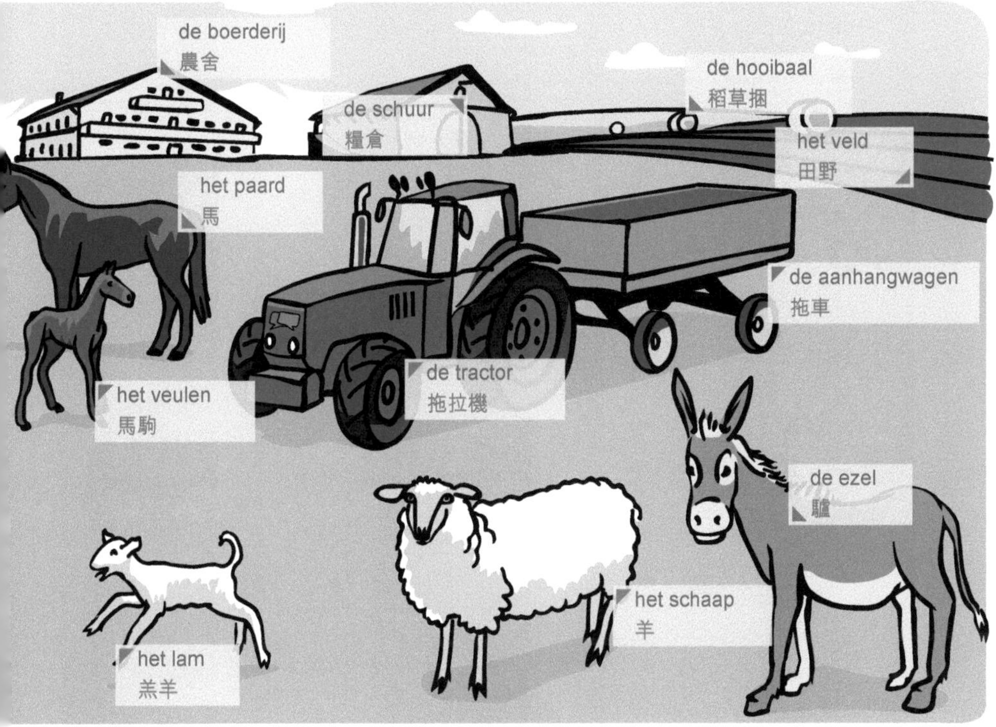
de boerderij
農舍
de schuur
糧倉
de hooibaal
稻草捆
het veld
田野
het paard
馬
de aanhangwagen
拖車
de tractor
拖拉機
het veulen
馬駒
de ezel
驢
het schaap
羊
het lam
羔羊

de geit
山羊

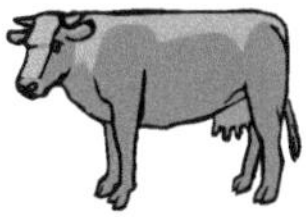
de koe
奶牛

het kalf
小牛

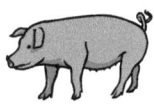

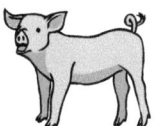

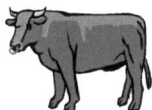

het varken
豬

de big
小豬

de stier
公牛

de gans

鵝

de eend

鴨

het kuiken

小雞

de kip

母雞

de haan

公雞

de rat

鼠

de kat

貓

de muis

老鼠

de os

牛

de hond

狗

het hondenhok

狗屋

de tuinslang

花園澆水軟管

de gieter

澆水壺

de zeis

長柄大鐮刀

de ploeg

犁

de sikkel

鐮刀

de schoffel

鋤頭

de hooivork

長柄草耙

de bijl

斧頭

de kruiwagen

獨輪手推車

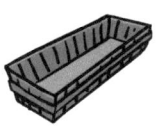

de trog

飼料槽

de melkbus

牛奶罐

de zak

麻布袋

het hek

柵欄

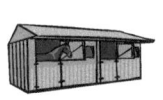

de stal

馬廄

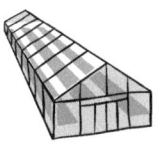

de broeikas

溫室

de grond

土壤

het zaad

種子

de mest

肥料

de maaidorser

聯合收割機

oogsten

收割

de oogst

收割

de yam

地瓜

de tarwe

小麥

de soja

大豆

de aardappel

土豆

de maïs

玉米

het koolzaad

油菜籽

de fruitboom

果樹

de maniok

樹薯

de granen

穀物

het huis
房子

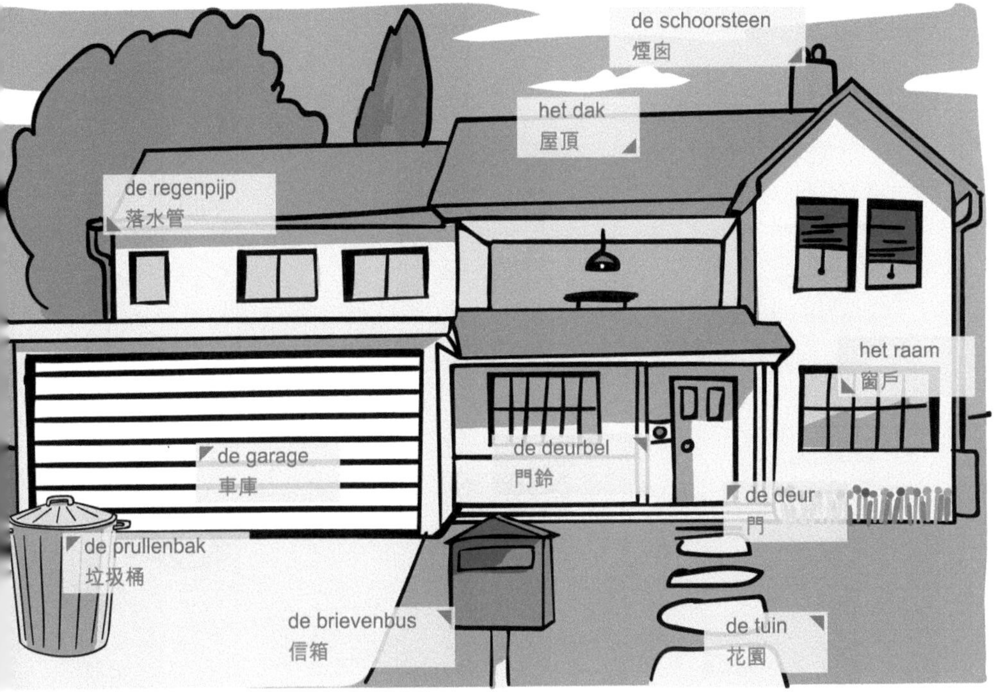
de schoorsteen
煙囱
het dak
屋頂
de regenpijp
落水管
het raam
窗戶
de garage
車庫
de deurbel
門鈴
de deur
門
de prullenbak
垃圾桶
de brievenbus
信箱
de tuin
花園

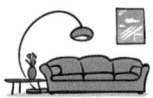

de woonkamer

客廳

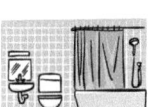

de badkamer

浴室

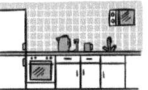

de keuken

廚房

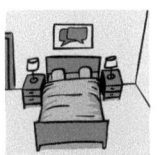

de slaapkamer

臥室

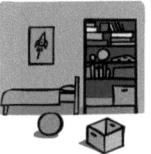

de kinderkamer

兒童房

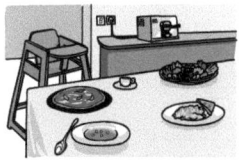

de eetkamer

餐廳

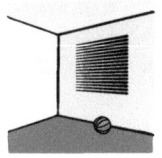

de vloer

地板

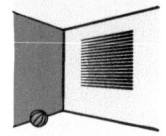

de muur

牆壁

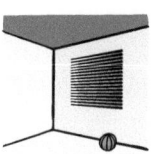

het plafond

天花板

de kelder

地窖

de sauna

三溫暖

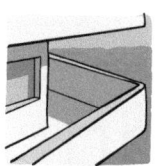

het balkon

陽臺

het terras

露臺

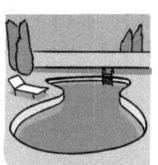

het zwembad

游泳池

de grasmaaier

割草機

het laken

被單

de bedsprei

床罩

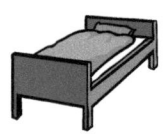

het bed

床

de bezem

掃帚

de emmer

水桶

de schakelaar

開關

de woonkamer
客廳

het behang
壁紙
de foto
相片
de lamp
檯燈
de plank
擱架
de kast
櫥櫃
de televisie
電視
de open haard
壁爐
de bloem
花
het kussen
墊子
het bankstel
沙發
de vaas
花瓶
de afstandsbediening
遙控器

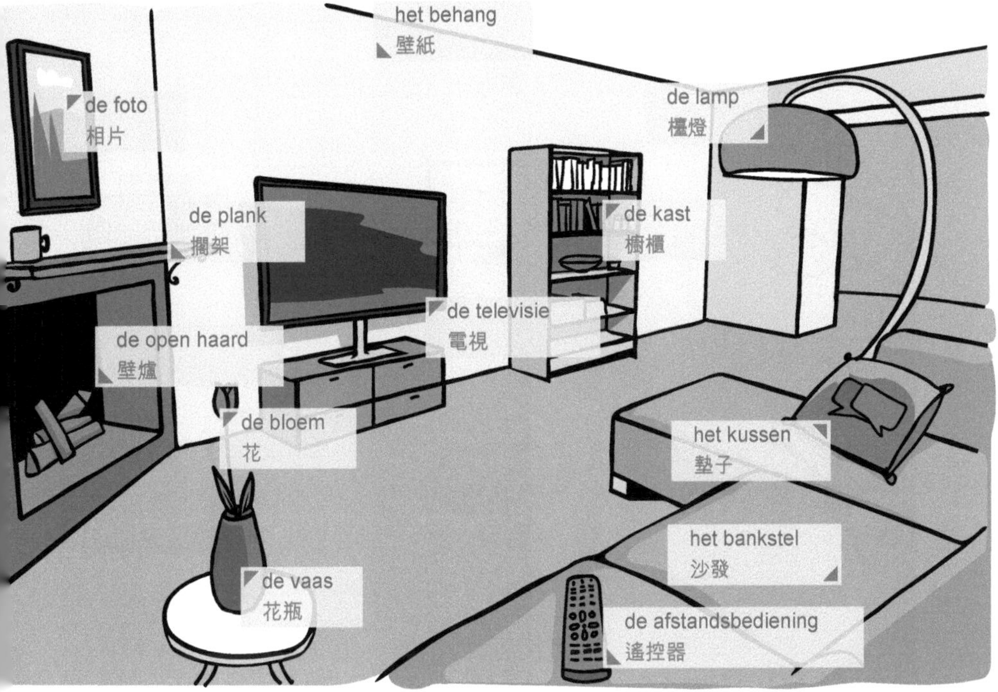

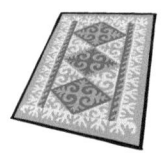

het tapijt

地毯

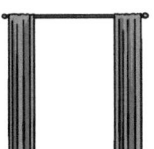

het gordijn

窗簾

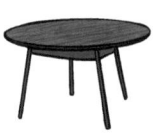

de tafel

餐桌

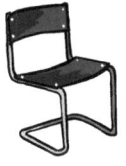

de stoel

椅子

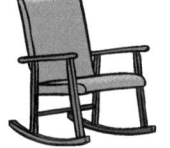

de schommelstoel

搖椅

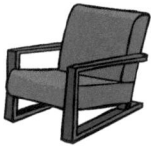

de stoel

扶手椅

het boek
書

de deken
毯子

de decoratie
裝飾品

het brandhout
木柴

de film
電影

de stereo-installatie
高傳真音響

de sleutel
鑰匙

de krant
報紙

het schilderij
油畫

de poster
海報

de radio
收音機

het kladblok
筆記本

de stofzuiger
吸塵器

de cactus
仙人掌

de kaars
蠟燭

de keuken
廚房

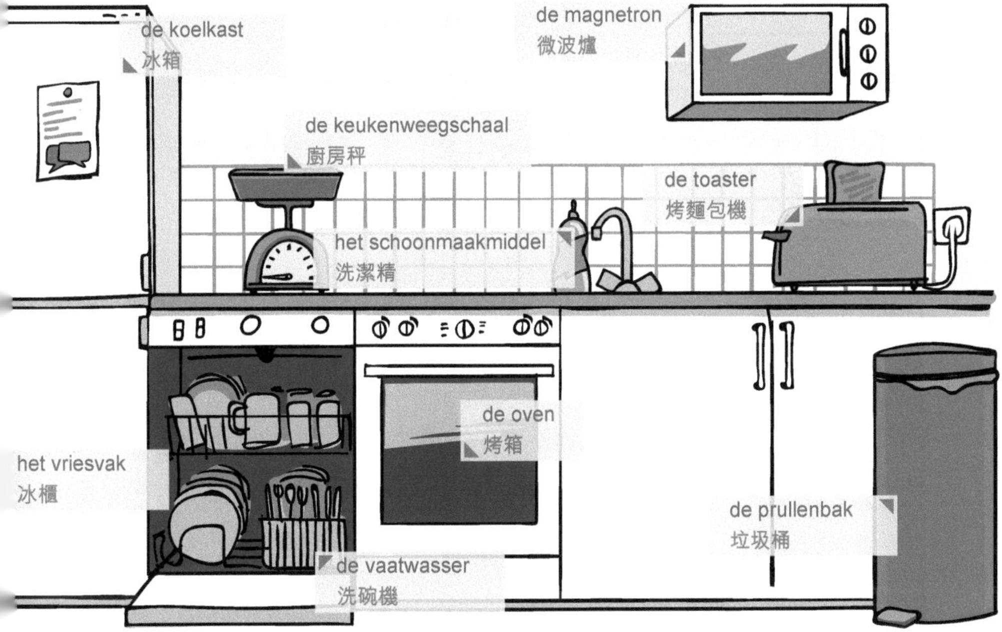
de koelkast
冰箱
de magnetron
微波爐
de keukenweegschaal
廚房秤
de toaster
烤麵包機
het schoonmaakmiddel
洗潔精
de oven
烤箱
het vriesvak
冰櫃
de prullenbak
垃圾桶
de vaatwasser
洗碗機

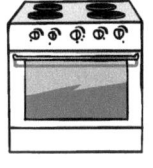

het fornuis
炊具

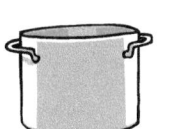

de pan
鍋

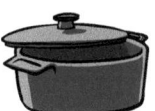

de gietijzeren pan
鑄鐵鍋

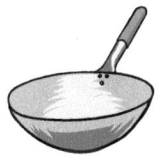

de wok / kadai
炒鍋

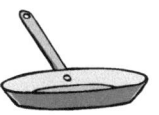

de koekenpan
平底鍋

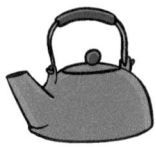

de ketel
水壺

de stoomkoker

蒸鍋

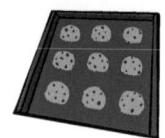

de bakplaat

烤盤

het servies

陶瓷鍋

de beker

馬克杯

de kom

碗

de eetstokjes

筷子

de soeplepel

長柄勺

de spatel

鏟子

de garde

攪拌器

het vergiet

濾網

de zeef

篩子

de rasp

磨碎機

de vijzel

研缽

de barbecue

燒烤

de vuurhaard

明火

de snijplank

菜板

de deegroller

擀麵杖

de kurkentrekker

開瓶器

het blik

罐子

de blikopener

開罐器

de pannenlap

隔熱手套

de wasbak

水槽

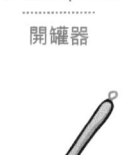

de borstel

刷子

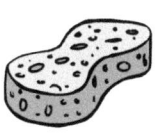

de spons

海綿

de blender

攪拌機

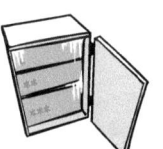

de vriezer

冷藏箱

het babyflesje

奶瓶

de kraan

水龍頭

de badkamer

浴室

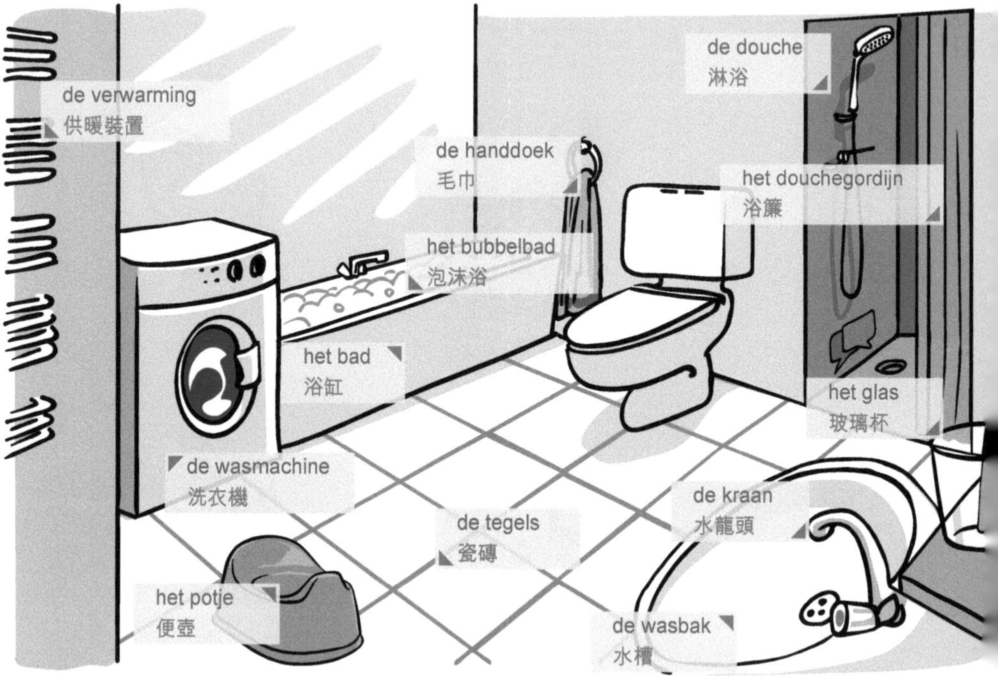

de verwarming
供暖裝置
de handdoek
毛巾
de douche
淋浴
het douchegordijn
浴簾
het bubbelbad
泡沫浴
het bad
浴缸
het glas
玻璃杯
de wasmachine
洗衣機
de kraan
水龍頭
de tegels
瓷磚
het potje
便壺
de wasbak
水槽

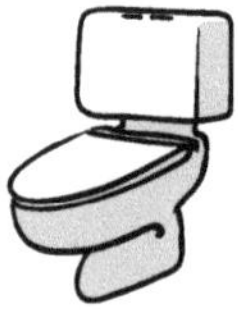

het toilet

廁所

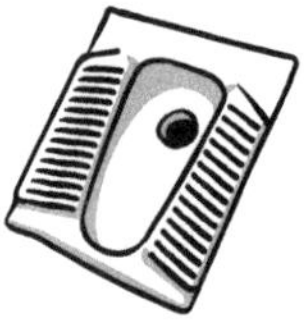

het hurktoilet

蹲便器

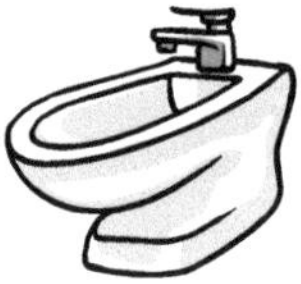

de/het bidet

坐浴器

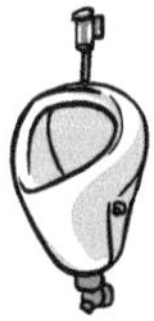

het urinoir

小便斗

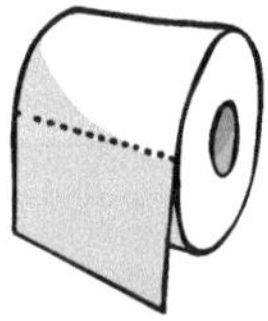

het toiletpapier

廁紙

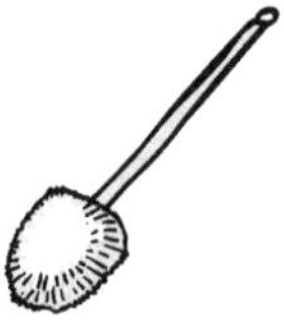

de toiletborstel

馬桶刷

de tandenborstel

牙刷

de tandpasta

牙膏

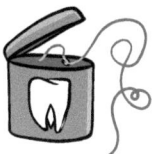

het flosdraad

牙線

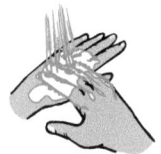

wassen

洗

de handdouche

手持式蓮蓬頭

de toiletdouche

沖洗器

de waskom

洗臉盆

de rugborstel

洗背刷

de zeep

肥皂

de douchegel

沐浴露

de shampoo

洗髮乳

het washandje

法蘭絨

de afvoer

排水

de creme

乳霜

de deodorant

除臭劑

de spiegel

鏡子

de make-upspiegel

手鏡

het scheermes

刮鬍刀

het scheerschuim

刮鬍泡沫

de aftershave

鬚後水

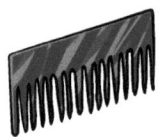

de kam

梳子

de borstel

刷子

de haardroger

吹風機

de haarspray

噴髮定型劑

de make-up

化妝品

de lippenstift

唇膏

de nagellak

指甲油

de watten

化妝棉

het nagelschaartje

指甲剪

de/het parfum

香水

de toilettas

洗漱包

de kruk

凳子

de weegschaal

計重秤

de badjas

浴袍

de rubber handschoenen

橡膠手套

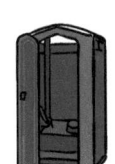

de tampon

衛生棉條

het maandverband

衛生棉

het chemisch toilet

化學廁所

de kinderkamer

兒童房

de wekker
鬧鐘
het knuffeldier
毛絨玩具
de speelgoedauto
玩具車
de rammelaar
撥浪鼓
het poppenhuis
玩具屋
het cadeau
禮物

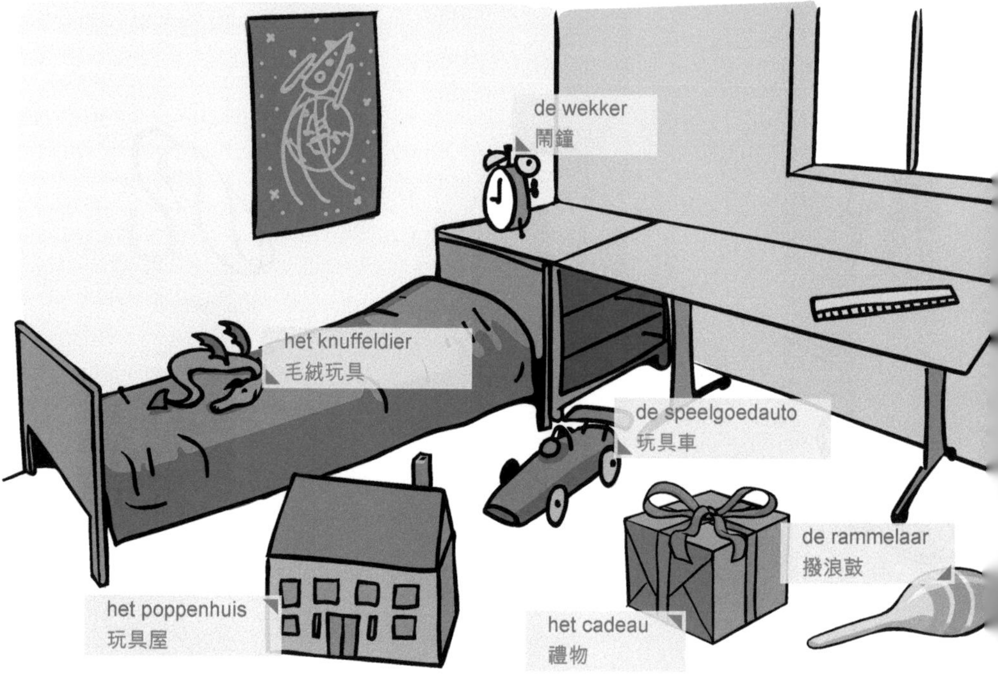

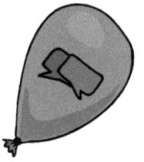

de ballon

氣球

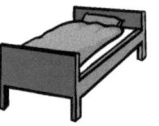

het bed

床

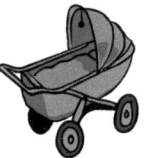

de kinderwagen

嬰兒車

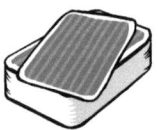

het kaartspel

撲克牌

de puzzel

拼圖

SUPER
MEGA

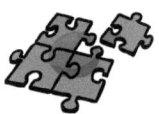

het stripverhaal

漫畫

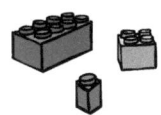

de legostenen

樂高積木

de speelgoedblokken

積木玩具

het actiefiguurtje

公仔

de romper

嬰兒服

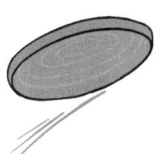

de frisbee

飛盤

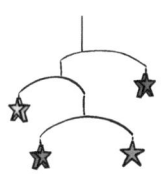

de/het mobile

床鈴玩具

het bordspel

棋盤遊戲

de dobbelsteen

骰子

de modeltrein

火車模型

de speen

安撫奶嘴

het feestje

派對

het prentenboek

繪本

de bal

球

de pop

洋娃娃

spelen

玩

de zandbak

沙坑

de schommel

鞦韆

het speelgoed

玩具

de spelcomputer

電玩遊戲

de driewieler

三輪車

de teddybeer

泰迪熊

de kleerkast

衣櫃

de kleding
衣服

de sokken

襪子

de kousen

長襪

de panty

緊身褲

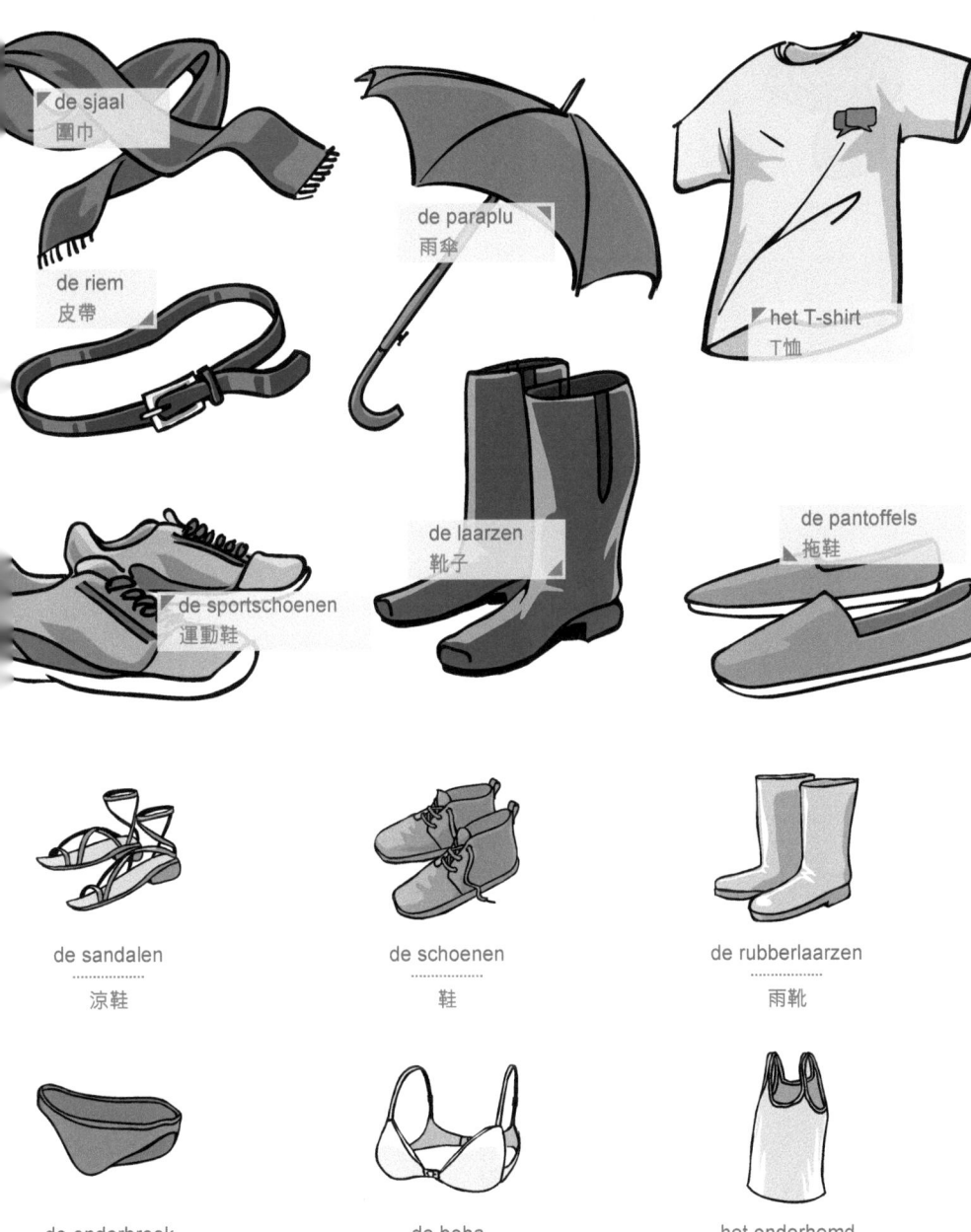

de sjaal
圍巾

de paraplu
雨傘

het T-shirt
T恤

de riem
皮帶

de sportschoenen
運動鞋

de laarzen
靴子

de pantoffels
拖鞋

de sandalen
....
涼鞋

de schoenen
....
鞋

de rubberlaarzen
....
雨靴

de onderbroek
....
內褲

de beha
....
胸罩

het onderhemd
....
背心

de kleding - 衣服

de body

身體

de broek

褲子

de spijkerbroek

牛仔褲

de rok

短裙

de blouse

女式襯衫

het overhemd

襯衫

de trui

套頭衫

de hoody

連帽上衣

de blazer

西裝夾克

de jas

夾克

de mantel

外套

de regenjas

雨衣

het kostuum

套裝

de jurk

連衣裙

de trouwjurk

婚紗

het pak

西裝

het nachthemd

睡袍

de pyjama

睡衣

de sari

莎麗

de hoofddoek

頭巾

de tulband

包頭巾

de boerka

波卡

de kaftan

卡夫坦

de abaja

(阿拉伯式)長袍

het zwempak

泳衣

de zwembroek

男式泳褲

de korte broek

短褲

het trainingspak

運動服

de/het schort

圍裙

de handschoenen

手套

de knoop

鈕扣

de bril

眼鏡

de armband

手鏈

de ketting

項鍊

de ring

戒指

de oorbel

耳環

de pet

便帽

de kledinghanger

衣架

de hoed

帽子

de stropdas

領帶

de rits

拉鍊

de helm

安全帽

de bretels

背帶

het schooluniform

校服

het uniform

制服

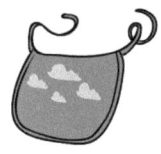

het slabbetje

圍兜

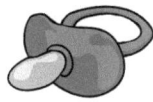

de speen

安撫奶嘴

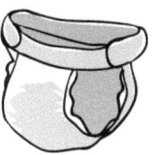

de luier

尿布

het kantoor
辦公室

de server
伺服器
de archiefkast
檔案櫃
de printer
印表機
papier
het beeldscherm
螢幕
de muis
滑鼠
het bureau
辦公桌
de map
資料夾
het toetsenbord
鍵盤
de prullenmand
廢紙簍
de computer
電腦
de stoel
椅子

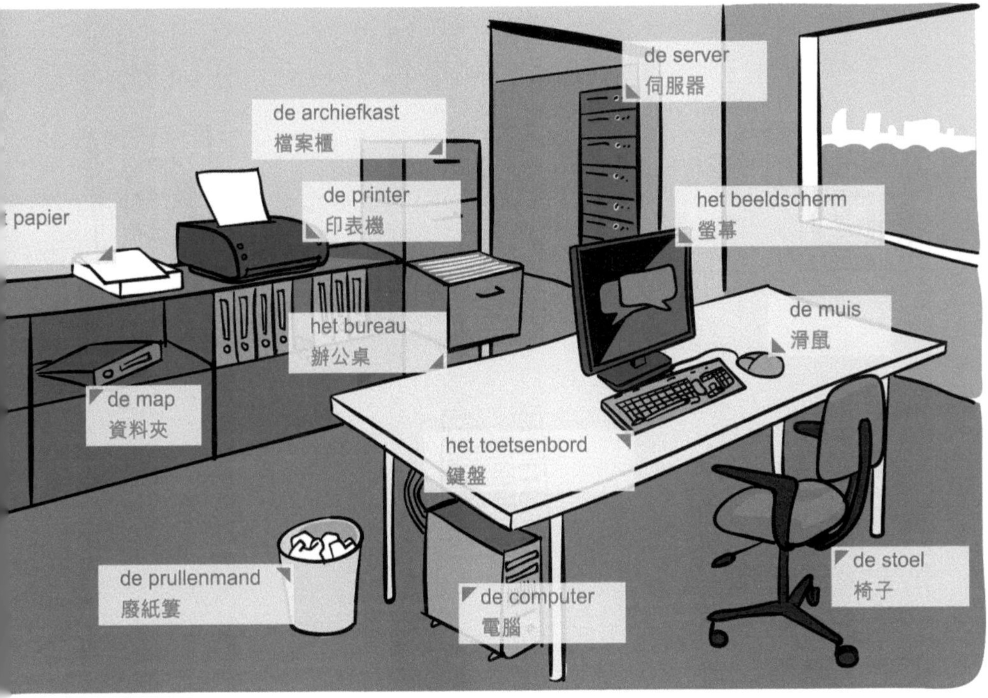

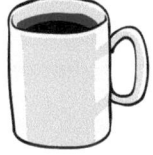

de koffiemok

咖啡杯

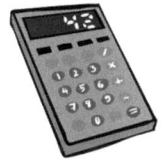

de rekenmachine

計算機

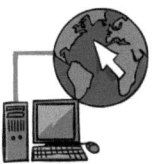

het internet

網際網路

de laptop

筆記型電腦

de brief

信件

het bericht

簡訊

de mobiele telefoon

行動電話

het netwerk

網路

de kopieermachine

影印機

de software

軟體

de telefoon

電話

het stopcontact

插座

de fax

傳真機

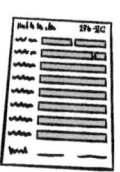

het formulier

表格

het document

檔案

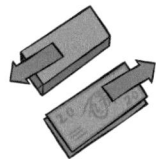

kopen

買

betalen

付錢

handel drijven

交易

het geld

現金

de dollar

美元

de euro

歐元

de yen

日元

de roebel

盧布

de Zwitserse frank

瑞士法郎

de renminbi yuan

人民幣

de roepie

盧比

de geldautomaat

提款處

het wisselkantoor

外幣兌換處

het goud

金

het zilver

銀

de olie

石油

de energie

能源

de prijs

價格

het contract

合約

de belasting

稅金

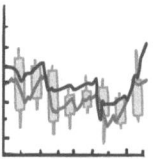

het aandeel

股票

werken

工作

de werknemer

職員

de werkgever

老闆

de fabriek

工廠

de winkel

商店

52　　　　　de economie - 經濟

de beroepen
職業

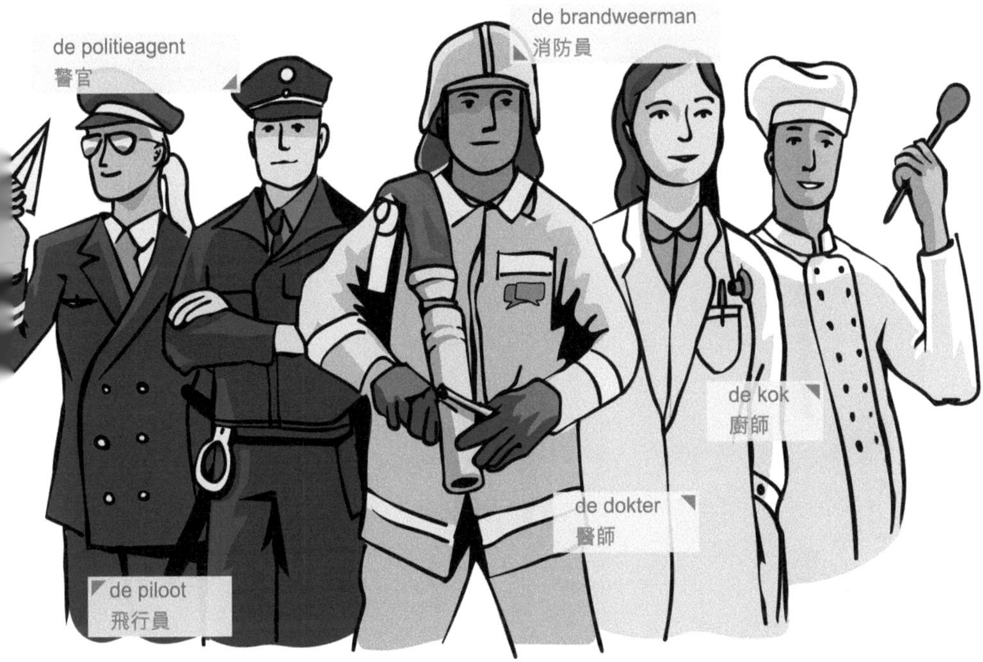
de brandweerman
消防員
de politieagent
警官
de kok
廚師
de dokter
醫師
de piloot
飛行員

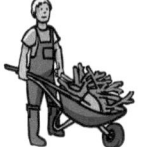

de tuinman

園丁

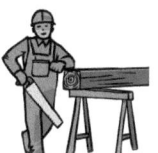

de timmerman

木匠

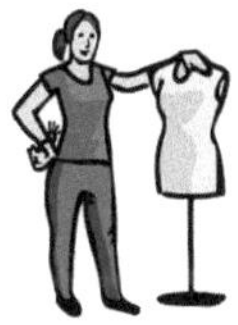

de naaister

裁縫

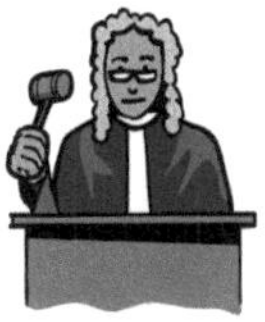

de rechter

法官

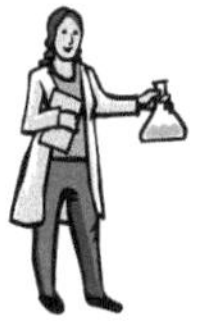

de scheikundige

化學家

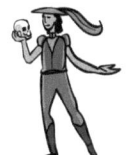

de toneelspeler

演員

de buschauffeur

公車司機

de taxichauffeur

計程車司機

de visser

漁夫

de schoonmaakster

清洗女工

de dakdekker

屋頂工

de ober

服務生

de jager

獵人

de schilder

畫家

de bakker

麵包師

de elektricien

電工

de bouwvakker

建築工人

de ingenieur

工程師

de slager

屠夫

de loodgieter

水管工

de postbode

郵差

de soldaat

士兵

de architect

建築師

de kassier

收銀員

de bloemist

花農

de kapper

理髮師

de conducteur

售票員

de monteur

機械技師

de kapitein

船長

de tandarts

牙醫

de wetenschapper

科學家

de rabbi

拉比

de imam

伊瑪目

de monnik

和尚

de pastoor

牧師

het gereedschap
工具

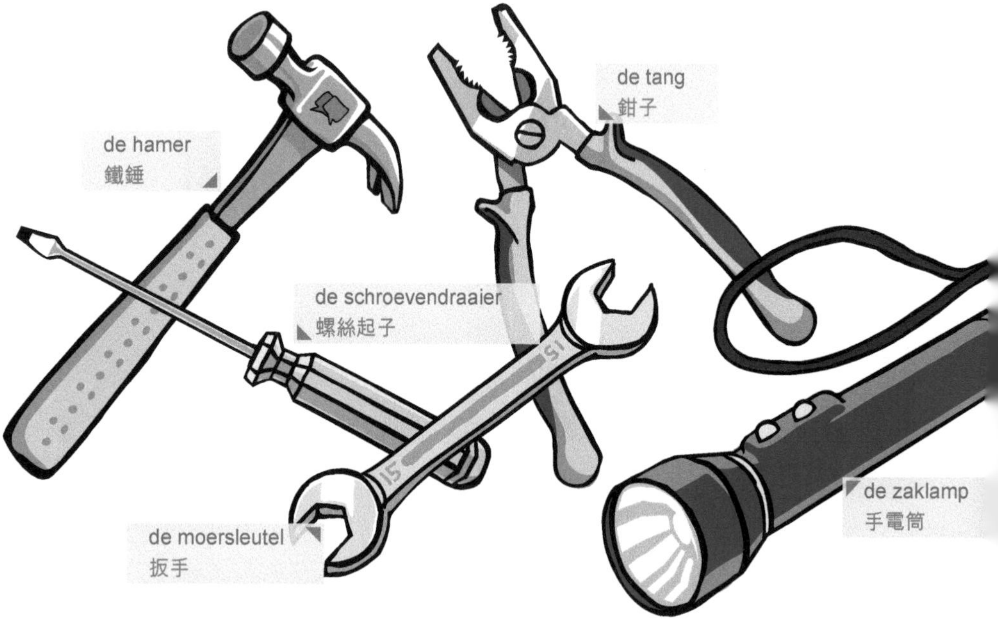
de hamer
鐵錘
de tang
鉗子
de schroevendraaier
螺絲起子
de moersleutel
扳手
de zaklamp
手電筒

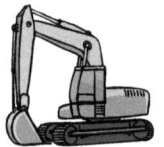

de graafmachine
....
挖掘機

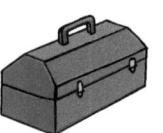

de gereedschapskist
....
工具箱

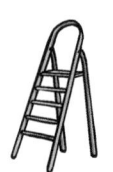

de ladder
....
梯子

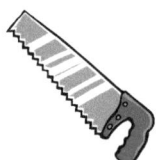

de zaag
....
鋸子

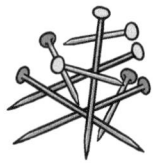

de spijkers
....
釘子

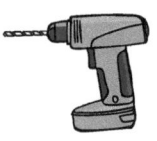

de boor
....
鑽機

repareren

修

de schep

鏟子

Verdorie!

糟糕！

het stofblik

畚箕

de verfpot

油漆桶

de schroeven

螺絲

de muziekinstrumenten
樂器

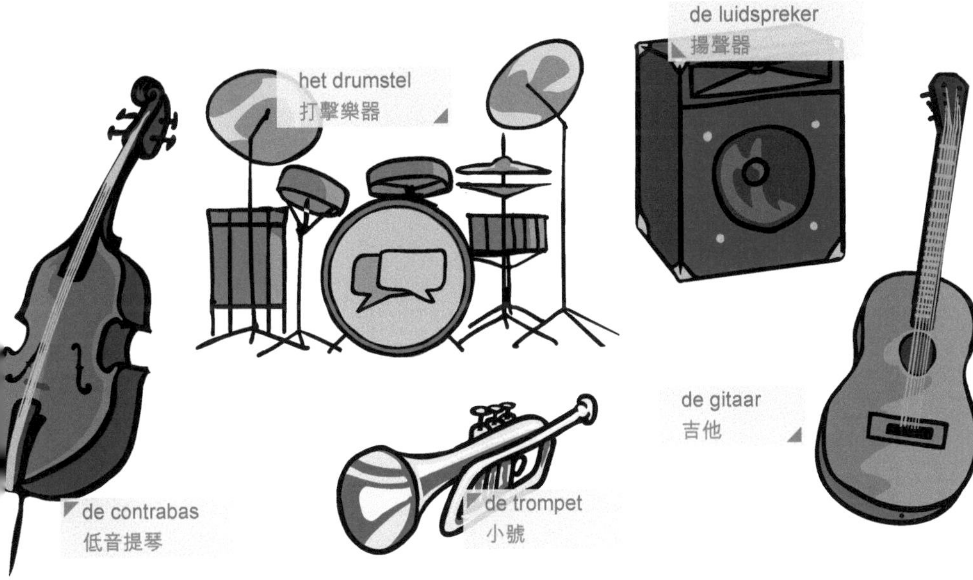

het drumstel
打擊樂器

de luidspreker
揚聲器

de gitaar
吉他

de contrabas
低音提琴

de trompet
小號

de piano

鋼琴

de viool

小提琴

de bas

貝斯

de pauk

定音鼓

de trommel

鼓

het keyboard

電子琴

de saxofoon

薩克斯風

de fluit

長笛

de microfoon

麥克風

de dierentuin
動物園

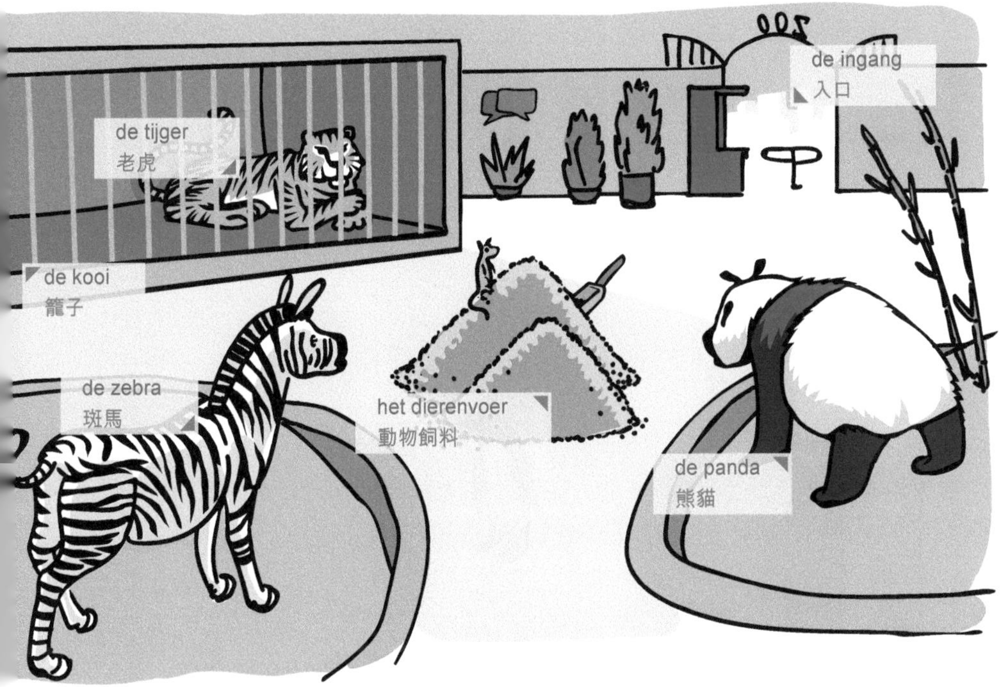

zoo
de ingang
入口
de tijger
老虎
de kooi
籠子
de zebra
斑馬
het dierenvoer
動物飼料
de panda
熊貓

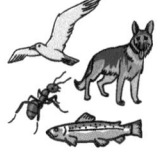

de dieren

動物

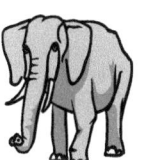

de olifant

大象

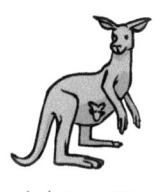

de kangoeroe

袋鼠

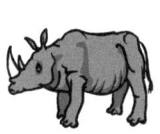

de neushoorn

犀牛

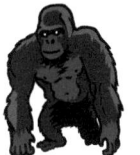

de gorilla

大猩猩

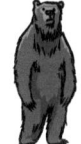

de beer

熊

de kameel

駱駝

de struisvogel

鴕鳥

de leeuw

獅子

de aap

猴子

de flamingo

紅鶴

de papegaai

鸚鵡

de ijsbeer

北極熊

de pinguïn

企鵝

de haai

鯊魚

de pauw

孔雀

de slang

蛇

de krokodil

鱷魚

de dierenverzorger

動物園管理員

de zeehond

海豹

de jaguar

美洲豹

de dierentuin - 動物園

de pony

矮種馬

de/het luipaard

豹

het nijlpaard

河馬

de giraffe

長頸鹿

de adelaar

老鷹

het wild zwijn

野豬

de vis

魚

de schildpad

龜

de walrus

海象

de vos

狐狸

de gazelle

羚羊

de dierentuin - 動物園

American football
橄欖球

wielrennen
騎腳踏車

tennis
網球

basketbal
籃球

zwemmen
游泳

boksen
拳擊

ijshockey
冰球

voetbal
美式足球

badminton
羽毛球

atletiek
田徑

handbal
手球

skiën
滑雪

polo
馬球

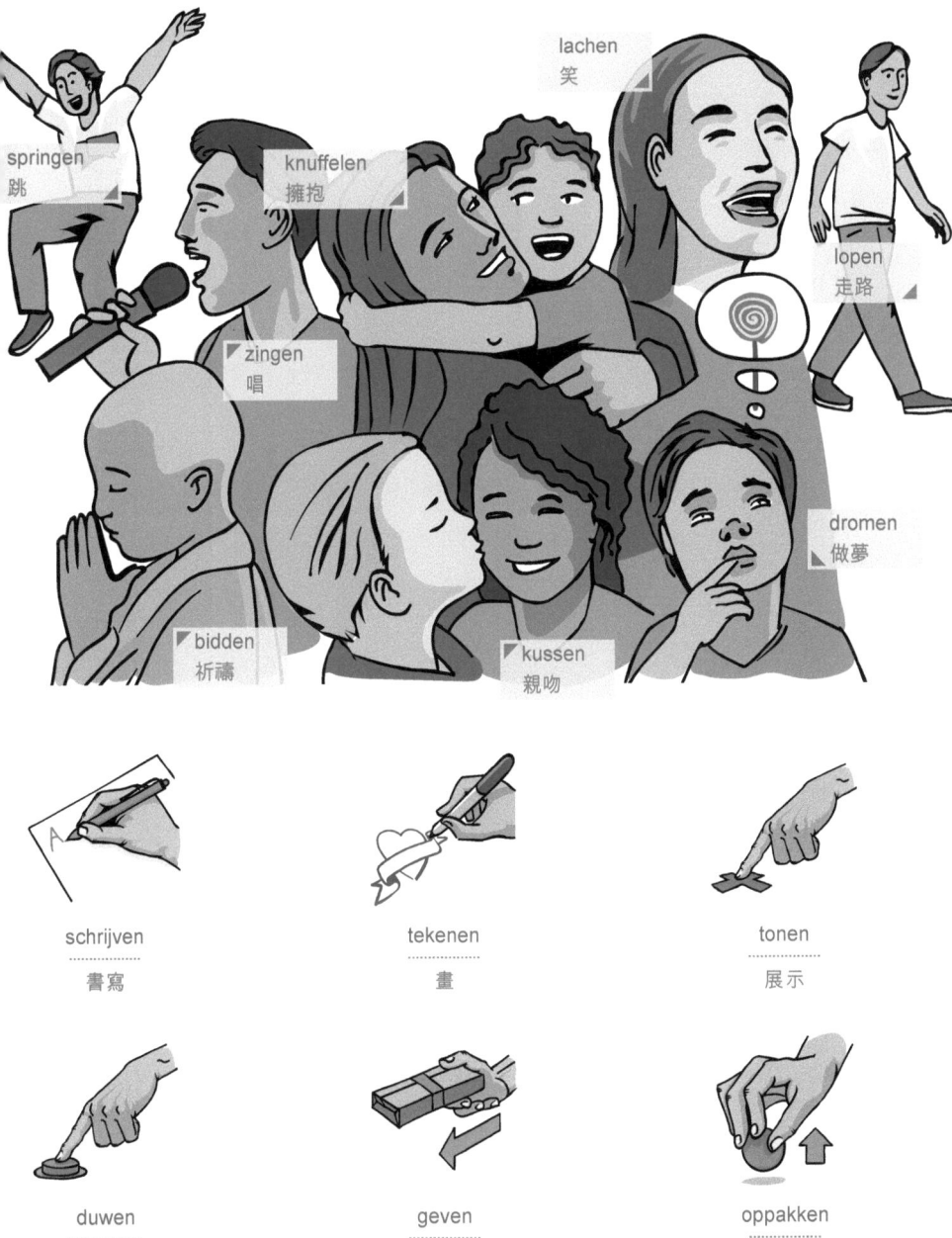

springen
跳

lachen
笑

knuffelen
擁抱

lopen
走路

zingen
唱

dromen
做夢

bidden
祈禱

kussen
親吻

schrijven	tekenen	tonen
書寫	畫	展示
duwen	geven	oppakken
推	給	拿

hebben

有

doen

做

zijn

當

staan

站

rennen

跑

trekken

拉

gooien

丟

vallen

摔倒

liggen

躺

wachten

等待

dragen

攜帶

zitten

坐

aankleden

穿衣

slapen

睡覺

wakker worden

醒來

bekijken

看

huilen

哭

strelen

擊

kammen

梳頭

praten

交談

begrijpen

明白

vragen

問

horen

聽

drinken

喝

eten

吃

opruimen

清理

houden van

愛

koken

做飯

rijden

開車

vliegen

飛

zeilen

航行

rekenen

計算

lezen

讀

leren

學習

werken

工作

trouwen

結婚

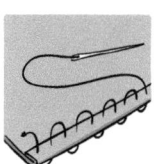

naaien

縫

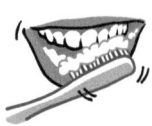

tandenpoetsen

刷牙

doden

殺

roken

抽菸

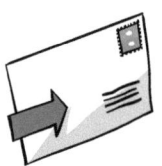

verzenden

寄

de familie
家

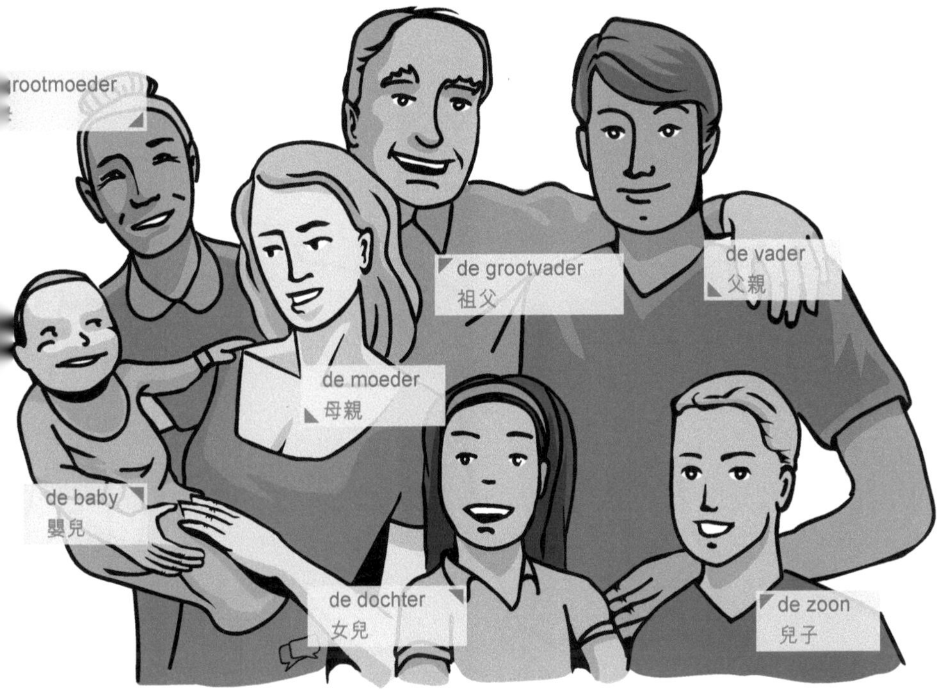

rootmoeder
de grootvader
祖父
de vader
父親
de moeder
母親
de baby
嬰兒
de dochter
女兒
de zoon
兒子

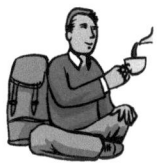

de gast

客人

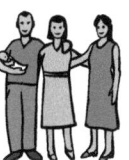

de tante

阿姨

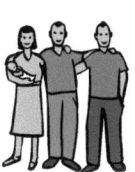

de oom

叔叔

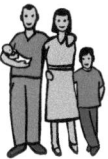

de broer

兄弟

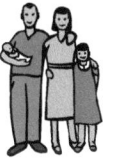

de zus

姐妹

het lichaam

身體

het voorhoofd
前額
het oog
眼睛
de schouder
肩膀
de vinger
手指
het gezicht
臉
de kin
下巴
de hand
手
het been
腿
de borst
乳房
de arm
手臂

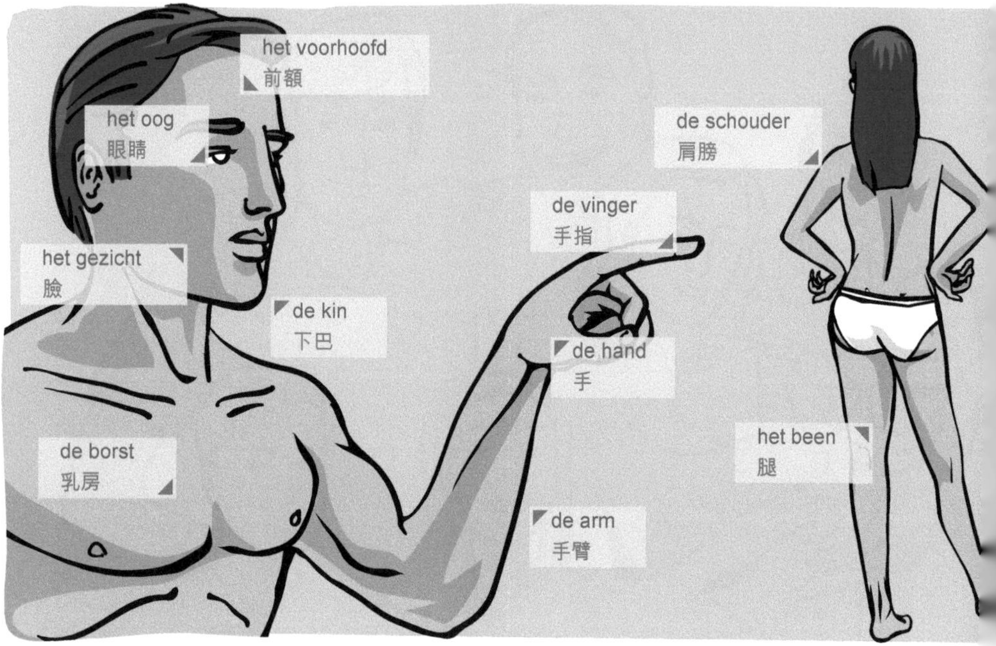

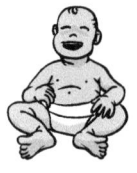

de baby
嬰兒

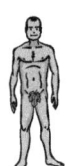

de man
男人

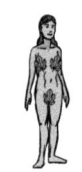

de vrouw
女人

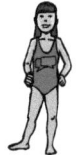

het meisje
女孩

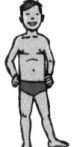

de jongen
男孩

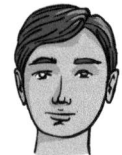

het hoofd
頭

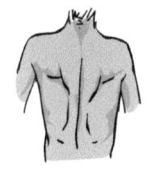

de rug

背部

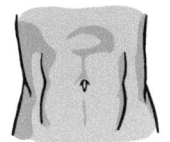

de buik

肚子

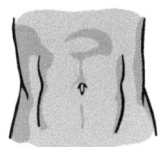

de navel

肚臍

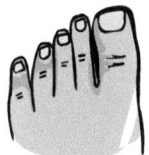

de teen

腳趾

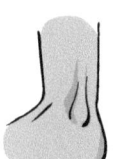

de hiel

腳後跟

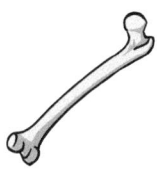

het bot

骨頭

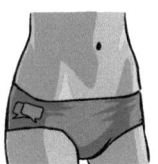

de heup

臀部

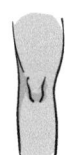

de knie

膝蓋

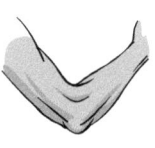

de elleboog

手肘

de neus

鼻子

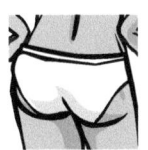

het achterwerk

屁股

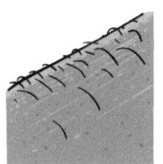

de huid

皮膚

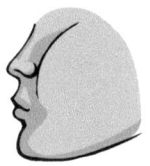

de wang

臉頰

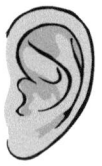

het oor

耳朵

de lippen

嘴唇

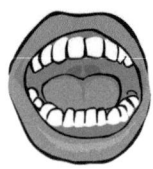

de mond

嘴

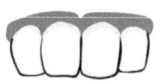

de tand

牙齒

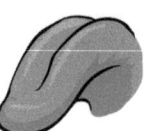

de tong

舌頭

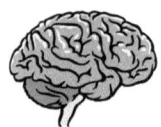

de hersenen

腦

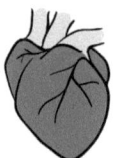

het hart

心臟

de spier

肌肉

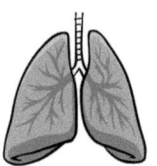

de long

肺

de lever

肝臟

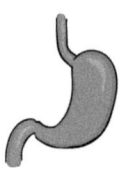

de maag

胃

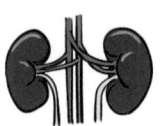

de nieren

腎臟

de geslachtsgemeenschap

性交

het condoom

保險套

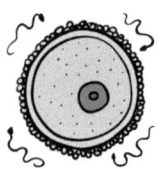

de eicel

卵子

het sperma

精子

de zwangerschap

懷孕

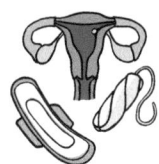

de menstruatie

月事

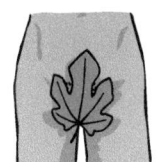

de vagina

陰道

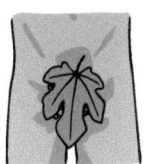

de penis

陰莖

de wenkbrauw

眉毛

het haar

頭髮

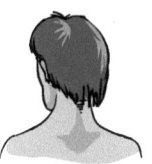

de hals

脖子

het ziekenhuis
醫院

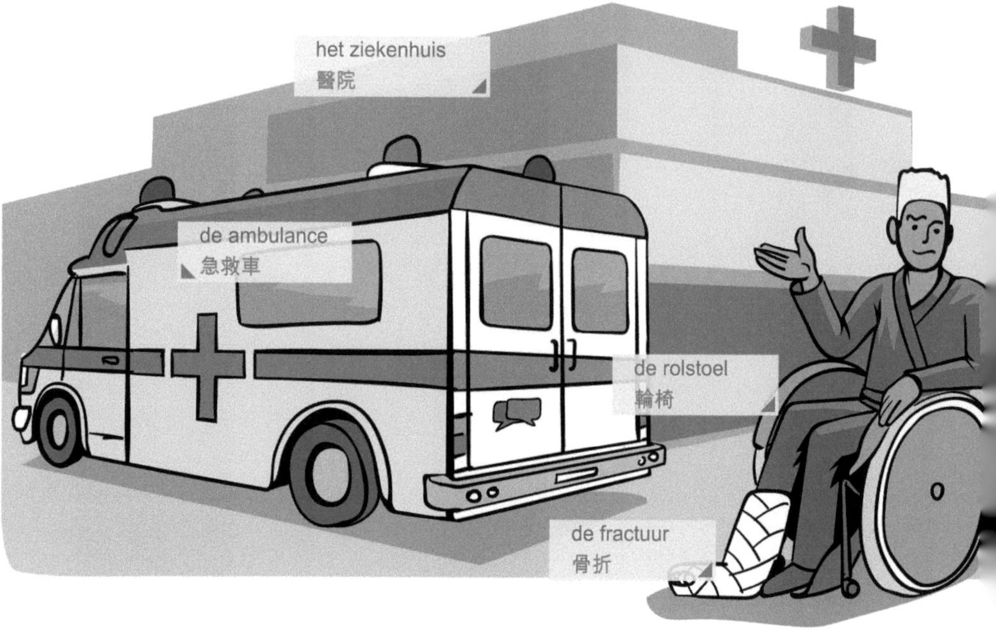

het ziekenhuis
醫院
de ambulance
急救車
de rolstoel
輪椅
de fractuur
骨折

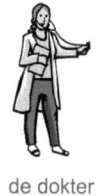

de dokter

醫師

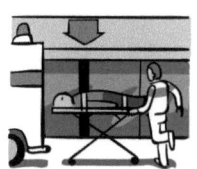

de EHBO

急診室

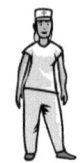

de verpleegster

護理師

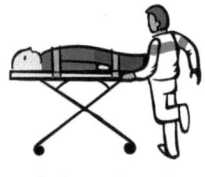

het noodgeval

緊急情形

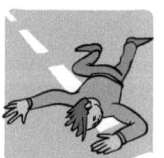

bewusteloos

昏迷

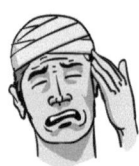

de pijn

痛

de verwonding

受傷

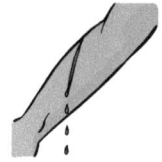

de bloeding

出血

de hartaanval

心臟病發作

de beroerte

中風

de allergie

過敏

de hoest

咳嗽

de koorts

發燒

de griep

流感

de diarree

腹瀉

de hoofdpijn

頭痛

de kanker

癌症

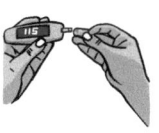

de diabetes

糖尿病

de chirurg

外科醫師

het scalpel

手術刀

de operatie

手術

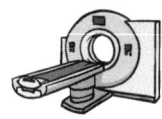

de CT

電腦斷層掃描

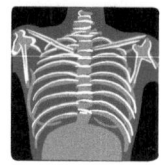

de röntgen

X光

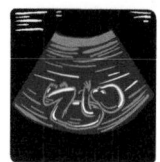

de echografie

超音波

het gezichtsmasker

口罩

de ziekte

疾病

de wachtkamer

候診室

de kruk

拐杖

de pleister

石膏

het verband

繃帶

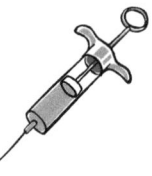

de injectie

注射

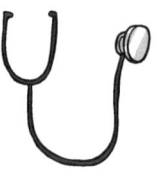

de stethoscoop

聽診器

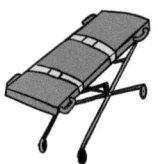

de brancard

擔架

de thermometer

體溫計

de geboorte

出生

het overgewicht

超重

het gehoorapparaat

助聽器

het ontsmettingsmiddel

消毒液

de infectie

感染

het virus

病毒

(de) HIV / AIDS

愛滋病

het medicijn

藥物

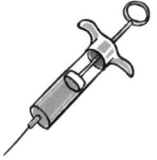

de inenting

接種疫苗

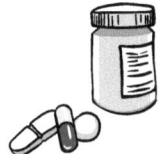

de tabletten

藥片

de pil

藥丸

het alarmnummer

急救電話

de bloeddrukmeter

血壓計

ziek / gezond

生病/健康

Help!

救命！

het alarm

警報

de overval

突擊

de aanval

攻擊

het gevaar

危險

de nooduitgang

緊急出口

Brand!

失火了！

de brandblusser

滅火器

het ongeluk

意外

de EHBO-koffer

急救箱

SOS

呼救訊號

de politie

員警

Europa

歐洲

Noord-Amerika

北美洲

Zuid-Amerika

南美洲

Afrika

非洲

Azië

亞洲

Australië

澳洲

e Atlantische Oceaan

大西洋

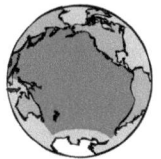

de Stille Oceaan

太平洋

de Indische Oceaan

印度洋

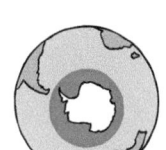

e Zuidelijke Oceaan

南冰洋

de Noordelijke IJszee

北冰洋

de Noordpool

北極

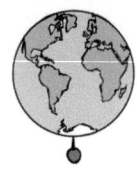

de Zuidpool

南極

Antarctica

南極洲

de aarde

地球

het land

陸地

de zee

海

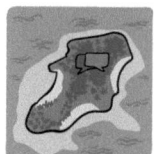

het eiland

島

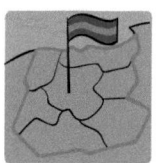

de natie

國家

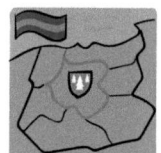

de staat

州

de wijzerplaat

錶盤

de uurwijzer

時針

de minutenwijzer

分針

de secondewijzer

秒針

Hoe laat is het?

現在幾點？

de dag

天

de tijd

時間

nu

現在

het digitaal horloge

電子錶

de minuut

分

het uur

時

de week
週

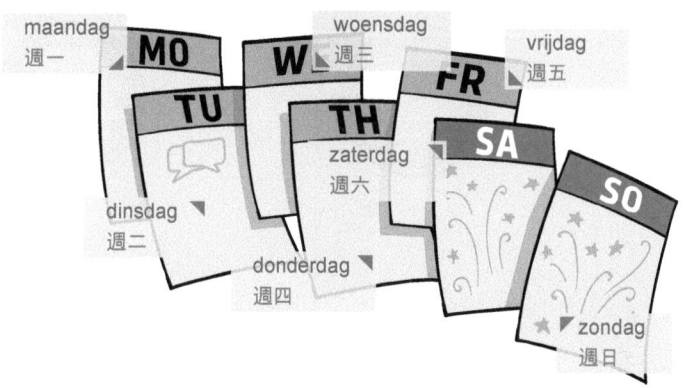

maandag 週一
woensdag 週三
vrijdag 週五
MO
TU
W
TH
FR
SA
SO
dinsdag 週二
donderdag 週四
zaterdag 週六
zondag 週日

gisteren

昨天

vandaag

今天

morgen

明天

de ochtend

早晨

de middag

中午

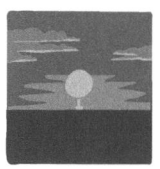

de avond

晚上

de werkdagen

工作日

het weekend

週末

de regenboog
彩虹

de regen
雨

de sneeuw
雪

de wind
風

het voorjaar
春

de herfst
秋

de zomer
夏

de winter
冬

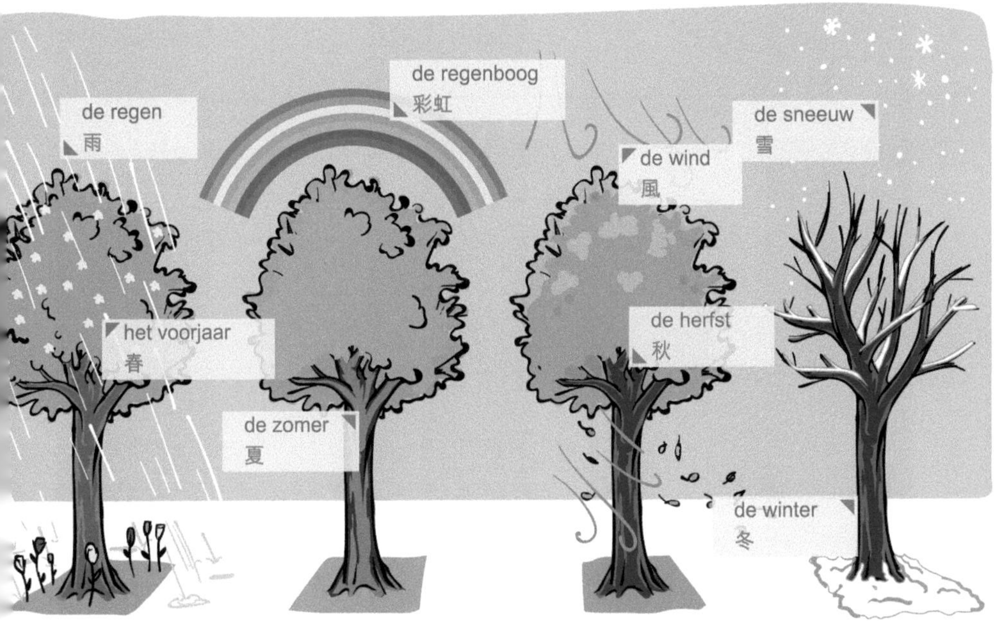

het weerbericht
天氣預告

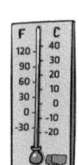

de thermometer
溫度計

de zonneschijn
陽光

de wolk
雲

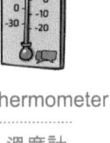

de mist
霧

de luchtvochtigheid
潮濕

de bliksem

閃電

de donder

打雷

de storm

風暴

de hagel

冰雹

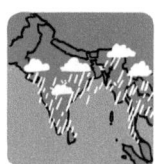

de moesson

季風

de overstroming

洪水

het ijs

冰

januari

一月

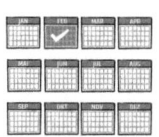

februari

二月

maart

三月

april

四月

mei

五月

juni

六月

juli

七月

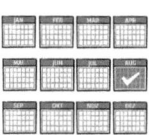

augustus

八月

september

九月

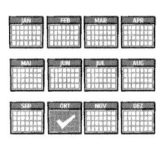

oktober

十月

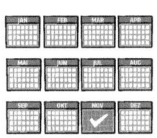

november

十一月

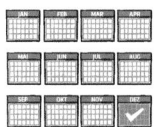

december

十二月

de vormen

形狀

de cirkel

圓形

het vierkant

正方形

de rechthoek

長方形

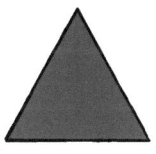

de driehoek

三角形

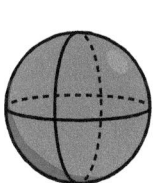

de bol

球體

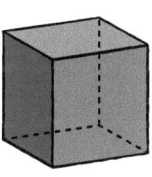

de kubus

立方體

wit

白

geel

黃

oranje

橙

roze

粉

rood

紅

paars

紫

blauw

藍

groen

綠

bruin

棕

grijs

灰

zwart

黑

veel / weinig
....
很多/少許

boos / rustig
....
生氣/平靜

mooi / lelijk
....
美/醜

begin / einde
....
首/尾

groot / klein
....
大/小

licht / donker
....
明/暗

broer / zus
....
兄弟/姐妹

schoon / vies
....
乾淨/骯髒

volledig / onvolledig
....
完整/缺失

dag/ nacht
....
白天/晚上

dood / levend
....
死/生

breed / smal
....
寬/窄

eetbaar / oneetbaar

可食用/非食用

gemeen / aardig

邪惡/善良

opgewonden / verveeld

興奮/無聊

dik / dun

胖/瘦

eerste / laatste

第一/最後

vriend / vijand

朋友/敵人

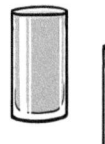

vol / leeg

滿/空

hard / zacht

硬/軟

zwaar / licht

重/輕

honger / dorst

餓/渴

ziek / gezond

生病/健康

illegaal / legaal

非法/合法

intelligent / dom

聰明/愚笨

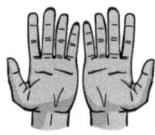

links / rechts

左/右

dichtbij / ver

近/遠

nieuw / gebruikt
新/舊

niets / iets
沒有/有些

oud / jong
老/幼

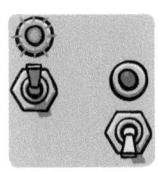
aan / uit
開/關

open / gesloten
打開/闔上

zacht / luid
安靜/吵鬧

rijk / arm
富/窮

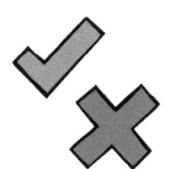
goed / fout
對/錯

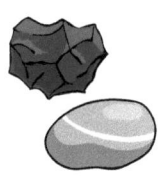
ruw / glad
粗糙/光滑

verdrietig / gelukkig
傷心/高興

kort / lang
短/長

langzaam / snel
慢/快

nat / droog
濕/乾

warm / koel
溫暖/涼爽

oorlog / vrede
戰爭/和平

0

nul

零

1

één

一

2

twee

二

3

drie

三

4

vier

四

5

vijf

五

6

zes

六

7

zeven

七

8

acht

八

9

negen

九

10

tien

十

11

elf

十一

12

twaalf

十二

13

dertien

十三

14

veertien

十四

15

vijftien

十五

16

zestien

十六

17

zeventien

十七

18

achttien

十八

19

negentien

十九

20

twintig

二十

100

honderd

百

1.000

duizend

千

1.000.000

miljoen

百萬

de talen

語言

Engels

英語

Amerikaans Engels

美式英語

Chinees Mandarijn

普通話

Hindi

印地語

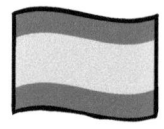

Spaans

西班牙語

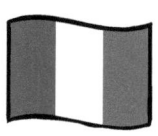

Frans

法語

Arabisch

阿拉伯語

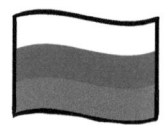

Russisch

俄語

Portugees

葡萄牙語

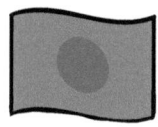

Bengalees

孟加拉語

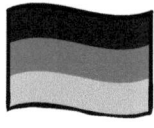

Duits

德語

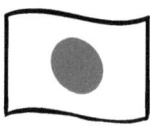

Japans

日語

ik

我

jij

你

hij / zij / het

他/她/它

wij

我們

jullie

你們

zij

他們

wie?

誰？

wat?

什麼？

hoe?

如何？

waar?

何處？

wanneer?

何時？

de naam

名字

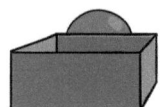

achter

後面

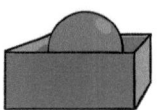

in

裡面

voor

前面

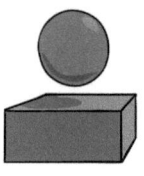

boven

上方

op

上面

onder

下麵

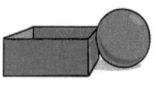

naast

旁邊

tussen

中間

plaats

地點